TRAITÉ

DES

USAGES AYANT FORCE DE LOI

DANS LE CANTON DE

MAUZÉ - SUR - LE - MIGNON

Département des Deux-Sèvres

PAR

Théophile SENNÉ

JUGE DE PAIX

— x —

Arrêté en Assemblée générale, le 30 Juin 1895.

— ⚌ —

NIORT

IMPRIMERIE A. BOUREAU

11, rue Rochette, 11.

—

1895.

TRAITÉ

DES

USAGES AYANT FORCE DE LOI

DANS LE CANTON DE

MAUZÉ - SUR - LE - MIGNON

Département des Deux-Sèvres

PAR

Théophile SENNÉ

JUGE DE PAIX

—✕—

Arrêté en Assemblée générale, le 30 Juin 1895

—✕—

NIORT

IMPRIMERIE A. BOUREAU

11, rue Rochette, 11.

—

1895

Monsieur SENNÉ,

Juge de Paix du canton de Mauzé-sur-le-Mignon,

à ses justiciables :

Messieurs,

Depuis tout à l'heure six ans que j'ai l'honneur d'être votre Juge de Paix, j'ai eu bien souvent l'occasion de constater que les usages sont mal définis dans le canton.

D'accord avec M. le Préfet, je vous ai réunis aujourd'hui, pour que chacun de vous apporte son avis sur le travail que j'ai préparé, concernant tous les usages locaux. Cinquante ont répondu à mon appel ; je les en remercie.

Les lois que nous allons arrêter d'une façon définitive, permettront au magistrat de ne pas s'égarer sur des questions jusque là incertaines. Il prononcera en parfaite connaissance de cause.

Elles auront aussi un autre avantage, celui d'éviter les procès, toujours très coûteux, et qui amènent généralement la discorde, non seulement entre deux hommes, mais encore entre deux familles.

Th. SENNÉ.

USAGES AYANT FORCE DE LOI

MAUZÉ-SUR-LE-MIGNON

———◦———

BOIS TAILLIS

Il n'existe pas d'appréciation particulière pour distinguer les bois dans le canton.

Les propriétaires ont la libre administration des bois qui leur appartiennent. Il leur est loisible de les couper sans se soumettre à aucun aménagement.

Il est toutefois des réserves dans cette liberté, quand les particuliers n'ont que l'usufruit de leur bois, la nue propriété appartenant à des tiers. Dans ce cas, les usufruitiers sont tenus de se soumettre, pour l'ordre et les coupes, à l'aménagement établi par l'usage.

Cette obligation est édictée par l'article 590 du Code civil :

ART. 590. — Si l'usufruit comprend des bois taillis, l'usufruitier est tenu d'observer l'ordre et la quotité des coupes, conformément à l'aménagement ou à l'usage constant des propriétaires ; sans indemnité toutefois en faveur de l'usufruitier ou de ses héritiers, pour les coupes ordinaires, soit de taillis, soit de baliveaux, soit de futaie, qu'il n'aurait pas faites pendant sa jouissance.

Les arbres qu'on peut tirer d'une pépinière sans la dégrader, ne font aussi partie de l'usufruit qu'à la charge par l'usufruitier de se conformer à l'usage des lieux pour le remplacement.

L'usage dans le canton est de couper les bois à la hache, à la serpe ou à la cognée. La coupe se fait à fleur de terre autant que possible. On doit veiller à ce que la coupe soit légèrement oblique, de façon à ce que l'eau n'y séjourne pas et ne fasse pourrir la souche. La coupe des taillis se pratique dans le canton du premier décembre au quinze février.

Les taillis de chêne sont aménagés par dix ans.

Baliveaux

Dans les bois taillis comme dans les haies, il est d'usage de laisser des baliveaux. On nomme ainsi les plus belles tiges, celles qui paraissent promettre les plus beaux arbres ; on doit néanmoins veiller à ce que les baliveaux soient assez espacés pour ne pas se nuire les uns aux autres. On doit laisser de vingt-cinq à trente baliveaux par hectare.

Arbres têtards et haies en bordure

Dans le canton, il est d'usage de couper les branches des arbres têtards et les haies des bordures à l'âge de cinq ans. La coupe de ces bois se fait du premier décembre à fin février.

Quand le propriétaire d'une haie vive néglige de la couper à une époque où il est tenu de le faire, le voisin peut l'y contraindre.

Droits de l'usufruitier

D'après l'usage, l'usufruitier a le droit de profiter de l'élagage des arbres, têtards et haies de bordures, qui s'opère tous les cinq ans. Mais ce droit n'existe qu'à la charge de recurer, immédiatement après la coupe, des fossés sur le talus au jet desquels les bois sont abattus.

L'usage admet pour le fermier le même droit que pour l'usufruitier, et sous les mêmes charges de recurage des fossés.

Vente des bois

Les fagots se vendent au cent, le cent

comprend cent cinq fagots, les cosses se vendent au mètre cube.

Les bois pris sur le terrain où ils ont été abattus, se paient à Noël.

———

CLOTURE OBLIGATOIRE

L'article 663 du Code civil édicte que : chacun peut contraindre son voisin aux constructions et réparations de la clôture faisant séparation de leurs maisons, cours, jardins. La hauteur des clôtures doit, en ce cas, être fixée conformément aux règlements et usages particuliers constants et reconnus ; dans le canton, l'usage fixe la hauteur des murs de séparation à deux mètres compris le chaperon.

La clôture par fossé n'est pas obligatoire entre voisins ruraux.

A cette question se rattache quelque peu celle relative à la cession obligatoire d'un fossé mitoyen au riverain qui le demande, question qui d'ailleurs est aujourd'hui formellement tranchée. La loi du 20 août 1881 a dénié ce droit au riverain en insérant au Code civil l'article 668 § 1er. Le voisin dont l'héritage joint un fossé ou une haie non mitoyens, ne peut contraindre le propriétaire de ce fossé ou de cette haie à lui céder la mitoyenneté. »

Largeur du fossé mitoyen

Il est une question qui fait quelquefois naître des difficultés entre propriétaires voisins, limités par un fossé mitoyen. Ce fossé doit être, quand le besoin l'exige, recuré de vieux bords en vieille sole. Mais à défaut de souches d'arbres ou de haies sur les bords du fossé, le limitant, il est quelquefois difficile dans les marais ou dans les terres rapportées de retrouver le vieux bord ou la vieille sole.

Il ne faut pas assimiler les terres hautes aux terres marécageuses ou aux marais desséchés.

Dans les terres hautes, les fossés ont généralement un mètre d'ouverture ou de gueule, et soixante à soixante-dix centimètres sous cordé de profondeur depuis la ligne horizontale, la corde qui rejoint le niveau des deux terrains voisins.

Dans les marais, les fossés ont des dimensions différentes; suivant les cas, ils ont deux mètres et plus de gueule avec un mètre trente-trois centimètres ou deux mètres, sous corde de profondeur.

ARBRES

La loi du 20 août 1881 a modifié ainsi qu'il suit l'article 671 du Code civil :

Il n'est permis d'avoir des arbres, arbrisseaux et arbustes, près de la limite de la propriété voisine qu'à la distance prescrite par les règlements particuliers actuellement existants, ou par les usages constants et reconnus, et, à défaut de règlements et usages, qu'à la distance de deux mètres de la ligne séparative des deux héritages pour les plantations dont la hauteur dépasse deux mètres, et à la distance d'un demi-mètre pour les autres plantations.

« Les arbres, arbustes et arbrisseaux de toute espèce peuvent être plantés en espaliers, de chaque côté du mur séparatif, sans que l'on soit tenu d'observer aucune distance, mais ils ne pourront dépasser la crête du mur.

« Si le mur n'est pas mitoyen, le propriétaire seul a le droit d'y appuyer ses espaliers. »

La même loi a ainsi modifiée l'article 672 du Code civil :

« Le voisin peut exiger que les arbres,

arbrisseaux et arbustes, plantés à une distance moindre que la distance légale, soient arrachés ou réduits à la hauteur déterminée dans l'article précédent, à moins qu'il n'y ait titre, destination du père de famille ou prescription trentenaire.

« Si les arbres meurent, ou s'ils sont coupés ou arrachés, le voisin ne peut les replanter qu'en observant les distances légales ».

La même loi a aussi modifié l'article 673 du Code civil:

« Celui sur la propriété duquel avancent les branches des arbres du voisin peut contraindre celui-ci à les couper. Les fruits tombés naturellement de ces branches lui appartiennent.

« Si ce sont des racines qui avancent sur son héritage, il a le droit de les y couper lui-même.

« Le droit de couper les racines ou de faire couper les branches est imprescriptible. »

La loi s'en réfère aux usages constants et reconnus pour la distance à laquelle il est permis d'avoir des arbres, arbrisseaux ou arbustes, près de la limite de la propriété voisine.

Les usages sur ce point dans le canton sont :

1º Les arbres de haute futaie ne doivent être plantés qu'à la distance de deux mètres de la propriété voisine.

2º Les arbres fruitiers ou arbustes et haies vives devant s'élever à moins de deux mètres à la distance de un mètre.

3º Celui qui plante des arbres fruitiers devant s'élever à haute tige (c'est-à-dire à plus de deux mètres), doit laisser un intervalle de deux mètres de la propriété voisine.

4º Le long des murs, fossés et cours d'eau, les arbres à haute tige doivent être plantés à deux mètres, les haies d'aubépines, les vignes et l'osier à cinquante centimètres de la propriété voisine.

5º Dans les jardins clos de murs, on plante le long des murs les arbres fruitiers de toute hauteur, on les élague suivant la ligne des héritages.

TOUR D'ÉCHELLE

Dans un cas, le tour d'échelle constitue une propriété, dans un autre cas une servitude.

Le tour d'échelle est une propriété quand il consiste dans la propriété d'un espace de terrain au-delà d'une construction pour en faciliter la reconstruction ou la réparation.

Il n'est qu'une servitude quand il est limité au droit par le propriétaire d'un immeuble bâti de placer ses échelles ou ses échafaudages sur le terrain voisin pour reconstruire ou réparer son immeuble.

La propriété du terrain nécessaire au tour d'échelle ne se présume pas, en ce qui concerne la servitude, elle est admise par la coutume.

Le tour d'échelle se procure par titre et par possession annale ; à défaut de largeur fixée dans l'acte, elle est d'un mètre.

S'il n'y a ni titre ni possession annale le propriétaire du mur peut l'exercer en payant une indemnité.

———

FOSSÉS

Celui qui veut creuser un fossé à la limite de sa propriété, doit le creuser en entier sur lui. Il devra laisser une bande de terre de trente centimètres du bord de son fossé à la propriété du voisin, cette bande de terre est appelée franc-bord. Dans les terres hautes le talus doit être de un centimètre pour un. Le bornage avec le voisin est nécessaire avant de creuser le fossé.

—

DISTANCE DE CERTAINS OUVRAGES DES PROPRIÉTÉS VOISINES

Article 674 du Code civil :

Celui qui fait creuser un puits ou une fosse d'aisance près d'un mur mitoyen ou non ;

Celui qui veut y construire cheminée ou âtre, forge, four ou fourneau ;

Y adosser une étable ; ou y établir contre ce mur un magasin de sel ou amas de matières corrosives,

Est obligé de laisser la distance prescrite par les règlements et usages particuliers sur ces objets, ou à faire les ouvrages prescrits par les mêmes règlements et usages, pour éviter de nuire au voisin (Code civil 552, 662, 672, 674, 675, 678, 1382).

1° Celui qui fait une étable contre un mur mitoyen, doit faire un contremur de vingt-cinq centimètres d'épaisseur et dont la hauteur ira jusqu'au niveau de la mangeoire.

2° Celui qui veut faire des cheminées ou

des âtres contre le mur mitoyen, doit faire un contre-mur de tuileaux de soixante-six centimètres de hauteur.

3° Celui qui veut faire forge, four ou fourneau contre le mur mitoyen, doit laisser un vide de seize centimètres soixante-six millimètres entre le mur mitoyen et les fours ou forges ; le mur doit être de trente-trois centimètres trente-trois millimètres d'épaisseur.

4° Celui qui veut faire une fosse d'aisance ou un puits contre un mur mitoyen, doit faire un contre-mur de trente-trois centimètres trente-trois millimètres d'épaisseur et où il y a de chaque côté un puits, ou bien un puits d'un côté et une fosse d'aisance de l'autre, il suffit qu'il y ait un mètre trente-trois centimètres d'épaisseur de maçonnerie entre deux en y comprenant l'épaisseur des murs d'une part et de l'autre. (Sans que dans aucun cas, toutefois, la fosse d'aisance puisse nuire au puits). Mais entre deux puits il suffit qu'il y ait un mur d'un mètre d'épaisseur.

5° Nul ne peut faire des fosses à eaux ou cloaques à moins de deux mètres du mur du voisin, alors même que ce mur est mitoyen.

6° Les puits doivent être creusés à deux mètres des héritages voisins.

Dépôt de fumier

Celui qui veut établir un fumier le long d'un mur mitoyen ou appartenant au voisin, est tenu de faire un contre-mur de vingt-cinq centimètres d'épaisseur; ce contre-mur doit être bâti à mortier de chaux et de sable, et sur la terre ferme, il doit s'élever aussi haut que le dépôt de fumier.

Des égouts des toits

Article 681 du Code civil :

Tout propriétaire doit établir des toits de manière que les eaux pluviales s'écoulent sur son terrain ou sur la voie publique ; il ne peut les faire verser sur le fonds de son voisin.

La prescription de la loi est formelle ; il n'y est nullement question d'usage local. Cependant, dans le canton, il est d'usage que la largeur du droit d'égout est de cinquante centimètres ; sauf, bien entendu, à tenir compte de la situation des lieux qui indiquerait la limite de l'héritage voisin ; comme par exemple, l'existence d'une haie, d'un mur ou d'un fossé, etc., etc.

BAUX A LOYER

Le contrat de louage se forme par le simple consentement des parties. Quand il y a sous-seing privé ou authentique, les termes du contrat font loi entre les parties pour ce qui est exprimé dans ces actes. Quand il n'y a pas de titre, ou que dans le titre tout n'est pas exprimé, on s'en réfère à la loi qui elle-même renvoie en ces matières aux usages.
 — Les points sur lesquels les usages ont à se prononcer sont : La durée du bail, les termes, les congés à donner, la tacite reconduction, le paiement des loyers par les locataires.

Durée du bail, termes, congés

Aux termes des articles 1736, 1739 et 1759 du Code civil, tout bail dont la durée est déterminée cesse de plein droit à l'expiration du terme fixé ; et si le bail est fait sans termes précis, l'une des parties peut le faire cesser en donnant congé à l'autre.

Article 1759 du Code civil :

Si le locataire d'une maison, d'un appartement, continue sa jouissance après l'expiration du bail écrit, sans opposition de la part du

bailleur, il sera censé occuper l'appartement ou la maison aux mêmes conditions pour le terme fixé par l'usage des lieux et ne pourra plus en sortir ni en être expulsé qu'après un congé donné suivant le délai fixé par l'usage des lieux.

Le bail d'une maison est censé fait à l'année. Si le bail est verbal, le propriétaire ou le locataire doit donner congé trois mois avant l'expiration du bail.

Les termes de location sont : le 25 mars, le 24 juin, le 29 septembre et le 25 décembre. Les loyers sont payés à fin de terme, à moins de stipulations contraires.

Réparations

Article 1735 du Code civil :

Le preneur est tenu des dégradations ou des pertes qui arrivent par le fait des personnes de sa maison ou de ses sous-locataires.

Article 1754 du Code civil.

Les réparations locatives ou de menu entretien dont le locataire est tenu, s'il n'y a clause contraire, sont celles désignées comme telles par l'usage des lieux, et, entre autres, les réparations à faire :

Aux âtres, contre cœurs, chambranles et tablettes des cheminées ;

Au récrépiment du bas des murailles, des

appartements et autres lieux d'habitation, à la hauteur d'un mètre ;

Aux pavés et carreaux des chambres lorsqu'il y en a seulement quelques-uns de cassés ;

Aux vitres, à moins qu'elles ne soient cassées par la grêle, ou autres accidents extraordinaires et de force majeure, dont le locataire ne peut être tenu ;

Aux portes, croisées, planches de cloison ou de fermeture de boutique, gonds, targettes et serrures.

—

EXPLOITATION AGRICOLE

Colonat partiaire, ou culture à moitié fruit

Loi du 18 juillet 1881 :

Article premier. — Le bail à colonat partiaire ou métayage est le contrat par lequel le possesseur d'un héritage rural le remet pour un certain temps à un preneur qui s'engage à le cultiver sous la condition d'en partager les produits avec le bailleur.

Art. 2. — Les fruits et produits se partagent par moitié, s'il n'y a stipulation ou usage contraire.

Art. 3. — Le bailleur est tenu à la délivrance et la garantie des objets compris au bail. Il doit faire aux bâtiments toutes les réparations qui peuvent devenir nécessaires. Toutefois les réparations locatives ou de menu entretien, qui ne sont occasionnées ni par la vétusté ni par force majeure, demeurent, à moins de stipulation ou d'usage contraire, à la charge du colon.

Art. 4. — Le preneur est tenu d'user de la chose louée en bon père de famille, en suivant la destination qui lui a été donnée par le bail ; il est également tenu des obligations spécifiées pour le fermier par les articles 1730, 1731 et 1768 du Code civil.

Il répond de l'incendie, des dégradations et des pertes arrivées pendant la durée du bail, à moins qu'il ne prouve qu'il a veillé à la garde et à la conservation de la chose en bon père de famille.

Il doit se servir des bâtiments d'exploitation qui existent dans les héritages qui lui sont confiés, et résider dans ceux qui sont affectés à l'habitation.

Art. 5. — Le bailleur a la surveillance des travaux et la direction générale de l'exploitation, soit pour le mode de culture, soit pour l'achat et la vente des bestiaux. L'exercice de ce droit est déterminé, quant à son étendue, par la convention ou à défaut de convention par l'usage des lieux.

Les droits de chasse et de pêche restent au propriétaire.

Art. 6. — La mort du bailleur de la métairie ne résout pas le bail à colonat.

Ce bail est résolu par la mort du preneur ; la jouissance des héritiers cesse à l'époque consacrée par l'usage des lieux pour l'expiration des baux annuels.

ART. 7. — S'il a été convenu qu'en cas de vente, l'acquéreur pourrait résilier, cette résiliation ne peut avoir lieu qu'à la charge par l'acquéreur de donner congé suivant l'usage des lieux.

Dans ce cas comme dans celui prévu par le dernier paragraphe de l'article précédent, le colon a droit à une indemnité pour les dépenses extraordinaires qu'il a faites, jusqu'à concurrence du profit qu'il aurait pu en tirer pendant la durée de son bail ; la résiliation en cas de vente est régié au surplus par les articles 1743, 1749, 1750 et 1751 du Code civil.

ART. 8 — Si pendant la durée du bail, les objets qui y sont compris sont détruits en totalité par cas fortuit, le bail est résilié de plein droit. S'ils ne sont détruits qu'en partie, le bailleur peut se refuser à faire les réparations et les dépenses nécessaires pour les remplacer ou les rétablir. Le preneur et le bailleur peuvent, dans ce cas, suivant les circonstances, demander la résiliation. Si la résiliation est prononcée à la requête du bailleur, le juge appréciera l'indemnité qui pourrait être due au preneur, conformément au deuxième paragraphe de l'article 7 de la présente loi.

ART. 9. — Si dans le cours de la jouissance du colon, la totalité ou une partie de la récolte est enlevée par cas fortuit, il n'y a pas d'indemnité à réclamer du bailleur. Chacun d'eux supporte sa portion correspondante dans la perte commune.

ART. 10. — Le bailleur exerce le privilège de l'article 2102 du Code civil sur les meubles, effets, bestiaux et portions de récolte appartenant au colon, pour le paiement du reliquat du compte à rendre par celui-ci.

ART. 11. — Chacune des parties peut demander le règlement annuel du compte d'exploitation.

Le juge de paix prononce sur les difficultés relatives aux articles du compte, lorsque les obligations résultant du contrat ne sont pas contestées, sans appel lorsque l'objet ne dépasse le taux de sa compétence générale en dernier ressort, et à charge d'appel à quelque somme qu'il puisse s'élever.

Le juge statue sur le vu des registres des parties ; il peut même admettre la preuve testimoniale s'il le juge convenable.

ART. 12. — Toute action résultant du bail à colonat partiaire se prescrit par cinq ans à partir de la sortie du colon.

ART. 13. — Les dispositions de la section première du titre du louage contenues dans l'article 1718 et dans les articles 1736 et 1741 du Code civil inclusivement, et celles de la section trois du même titre contenues dans les articles 1766, 1777 et 1778, sont applicables aux baux à colonat partiaire. Ces baux sont en outre régis, pour le surplus, par l'usage des lieux.

La base du colonat partiaire, c'est le partage des fruits et des produits. Le partage par moitié est la base de la majorité dans les contrats de cette nature.

En général, les époques d'entrée et de sortie pour les colons sont le 25 mars et le 29 septembre.

Durée

Ce sont les mêmes conditions que pour la durée des baux à ferme. L'assolement est triennal, le seul existant dans le canton.

Le colon a droit à trois récoltes, à charge en cas de congé, d'une indemnité réglée entre le maître et le colon.

Congé

Le colon ne peut quitter la ferme ou le propriétaire renoncer à ses services qu'à la condition d'un avis préalable. Le délai accordé est de un an.

S'il n'existe pas de bail écrit fixant l'époque de la sortie, les congés doivent, pour éviter toute difficulté, être signifiés par huissier. Autrement, en cas de dénégation, on ne pourrait faire admettre la preuve, si l'intérêt engagé était supérieur à cent cinquante francs.

Apport des parties, cheptel

Les instruments aratoires et le cheptel sont fournis tantôt par le propriétaire seul, tantôt par le propriétaire et le colon.

Le bétail de toute espèce est en général fourni par le propriétaire, les bénéfices et les pertes qui s'y rattachent sont partagés par moitié entre le colon et lui ; les visites du vétérinaire et les médicaments, s'il y a lieu, sont payés par moitié. Le propriétaire fournit aussi les charrettes et leurs accessoires. Mais le surplus du matériel, tels que jougs, juilles doit appartenir au colon. L'entretien est une charge commune du colon et du propriétaire.

Les ferrures des chevaux et des bœufs sont à moitié.

Les animaux sont estimés et si le colon peut en payer la moitié ils sont en commun entre lui et le propriétaire.

Logement

Les logements sont fournis par le propriétaire, il doit faire aux bâtiments toutes les réparations qui peuvent devenir nécessaires. Toutefois les réparations locatives ou de menu entretien, qui ne sont occasionnées ni par la vétusté, ni par force majeure, demeurent à moins de stipulation ou d'usage contraire à la charge du colon. Dans le canton le colon est tenu des réparations locatives.

Main d'œuvre

Le colon doit tout son temps et celui de sa famille à l'exploitation de la propriété.

Les bestiaux sont employés à l'exploitation de la propriété, il est interdit au colon d'en user pour son propre compte sur des terres n'appartenant pas à la métairie.

Impôts

Le colon supporte la moitié des impôts.

Semence

Il est d'usage dans le canton que toutes les semences se fournissent par moitié.

Pailles et foins

L'usage est que les pailles et foins restent sur la propriété.

Mais il y a deux manières de procéder :

1º L'une consiste à obliger le colon à laisser sur la métairie, à sa sortie, tout ce qu'il y a de pailles et foins, quelle que soit la quantité qu'il en a trouvé à son entrée.

2° L'autre, on évalue la quantité de foins et de pailles à l'entrée du colon, et à sa sortie, il est fait une estimation qui constate le déficit ou l'excédent; s'il y en a moins qu'à son entrée il paie la différence, s'il y s'en trouve plus, il a droit à la moitié du surplus.

Fumier

Le fumier est cubé à l'entrée du colon, et il doit en laisser autant à sa sortie qu'il en a trouvé à son entrée ; la règle à suivre est la même que pour les pailles et foins, avec cette différence que, s'il se trouve plus de fumier qu'à son entrée, il n'a pas le droit de l'enlever, le propriétaire le lui paie.

Jardins

Dans toutes les métairies, les colons ont droit à un jardin dont les produits leur appartiennent.

Fruits et légumes

Tous les légumes faits sur la métairie y sont consommés, à moins de stipulation contraire.

Bois

Le colon coupe les bois des haies à l'âge de cinq ans, il en a la moitié; il a également la moitié de l'élagage des arbres.

Vaches

Le propriétaire et le colon partagent entre eux le produit des vaches.

—

DOMESTIQUES ET OUVRIERS

Le Code rural a édicté que la durée du louage des domestiques ou des ouvriers ruraux est, sauf preuve d'une convention contraire, réglée suivant l'usage des lieux (Code rural, titres 2 et 3, article 15, promulgué le 9 juillet 1889 ; voir aussi les articles 1134 et 1159 du Code civil).

Les usages pour les domestiques hommes ou femmes sont les mêmes dans tout le canton.

La durée du gage est de trois mois, six mois, neuf mois et un an. Les termes d'entrée et de sortie sont les 25 mars, 24 juin, 29 septembre et 25 décembre.

Le maître ne peut pas renvoyer son

domestique sans cause grave; s'il le renvoie, il devra lui payer une indemnité du quart de son gage.

Si le domestique laisse son maître sans motifs légitimes, avant l'expiration du temps pour lequel il s'est loué, le maître a droit de lui retenir le quart de son gage.

Cependant comme il paraît difficile de déterminer dans certains cas les motifs qui pourraient amener une séparation, le maître a le droit de renvoyer son domestique en le prévenant (devant témoins) quinze jours avant le 25 mars, le 24 juin, le 29 septembre et le 25 décembre.

Les mêmes droits sont réservés au domestique.

Les ouvriers employés dans les usines, distilleries, etc., l'usage adopté permet à un patron de congédier son employé, loué sans durée déterminée (et payé chaque mois) en le prévenant un mois à l'avance ; la réciprocité existe.

FOINS

Les foins se vendent au poid, l'usage est de donner cent cinq au cent ; le pesage est payé moitié par le vendeur, moitié par l'acquéreur, à moins de convention contraire.

Le foin pris sur le pré se paie à Noël.

Lorsqu'il est en barge ou en grange, il se paie au comptant.

Aucune barge, soit de paille, foin ou bois, ne pourra être établie à moins de dix mètres des bâtiments voisins.

www.ingramcontent.com/pod-product-compliance
Lightning Source LLC
Chambersburg PA
CBHW070720210326
41520CB00016B/4408